– Schwarzwälder-Speck-Maus –

– Markgräfler Faultier –

– Gottenheimer Klapperstorch –

– Schwarzwald-Elch –

– Glottertäler Weinbergschnecke –

Bibliografische Information der Deutschen Nationalbibliothek.
Die Deutsche Nationalbibliothek verzeichnet diese Publikation in der Deutschen Nationalbibliografie;
detaillierte bibliografische Daten sind im Internet über http://dnb.dnb.de abrufbar.

7. Auflage, 2021

© 2015, 2016, 2017, 2019, 2021 by Chr. Belser Gesellschaft für Verlagsgeschäfte GmbH & Co. KG,
Pfizerstraße 5-7, 70184 Stuttgart
Alle Rechte vorbehalten

Alle Abbildungen stammen vom Autor © Peter Gaymann.

Redaktion: Lektorat Hille & Schäfer, Freiburg
Gestaltung: pohl & rick Grafikdesign, Düsseldorf
Reproduktionen: Zanotto Silverio & C., Tezze, Italien
Gesamtherstellung: Print Consult, München

ISBN 978-3-7630-2702-6

Peter Gaymann

Typisch Badisch
von Titisee bis Tuniberg

belser

DAS BADNERLIED

Das schönste Land in Deutschlands Gau'n,
das ist mein Badner Land.
Es ist so herrlich anzuschaun
und ruht in Gottes Hand.

Refrain:
D'rum grüß ich dich mein Badnerland,
du edle Perl' im deutschen Land, deutschen Land.
frisch auf, frisch auf; frisch auf, frisch auf;
frisch auf, frisch auf mein Badnerland.

Zu Haslach gräbt man Silbererz,
Bei Freiburg wächst der Wein,
im Schwarzwald schöne Mädchen,
ein Badner möcht' ich sein.

D'rum grüß ich dich mein Badnerland,
du edle Perl' im deutschen Land, deutschen Land.
frisch auf, frisch auf; frisch auf, frisch auf;
frisch auf, frisch auf mein Badnerland.
(Auszug)

BADISCHES WETTER

BADISCHER WEIN

... göttlich im Abgang.

Entwurf für ein neues Stadttor in Burkheim/Kaiserstuhl.

– Badisches Kaffeekränzchen –

Mir trinke au gern Bier!

BADISCHE GENÜSSE

Ich bin Freiburger SC-Fan!

Ich bin Karlsruher Fan!

Ich bin Schwarzwälder-Kirschtorte-Fan.

Das Schrumpfen der Schnitzel seit 1970

1970

1984

1998

2015

Auf dem Münsterplatz die obligatorische "Rote" (mit Zwiebeln) – ... aber z'erscht de Babа!

BADISCHE LIEBE

- Freiburg -   - Erotic moments -

ALTERNATIVES FREIBURG

... müssen wir das jetzt schön finden.

In diesem Haus wurde Anfang der 70er Jahre das erste Müsli auf deutschem Boden zubereitet. Die alternativen "Müslis" prägten plötzlich das Bild der Stadt. – Und Krankheitsbilder wie "Latzhose-Intoleranz" wurden zu einem ernstzunehmenden Problem.

DER SCHWARZWALD

Gefahren des Schwarzwalds

Sturm auf dem Schauinsland

WAS EIN BADENER

NIE SAGEN WÜRDE

"Wir wohnen jetzt erst drei Wochen hier und waren schon bei den Triberger Wasserfällen, am Schluchsee, auf der Insel Mainau und beim Pferderennen in Iffezheim."

"Für so was häm mir kei Zit. Mir min schaffe."

YOGA
...für Schwarzwälder

– Die Höllentalbrücke –

– Der tote Hirsch –

– Die Kuckucksuhr –

Die Schwarzwaldtanne –

– Die Bachforelle –

– Der elektrische Weidenzaun –

– Der Schneepflug –

– Der Feldbergturm –

– Die Kirschtorte –

Wasserspeier-Entwurf für das Freiburger Münster. (Vorläufig abgelehnt)

BIOGRAFIE

Ich bin ein Friburger Bobbele. Geboren in Freiburg am 26. Juni 1950. Sternzeichen Krebs, Aszendent Huhn. Ja doch, es gab einen Hühnerstall hinter dem Haus meiner Kindheit im Freiburger Westen. Aber es gab da auch ein paar Hasen, ein Schwein und einen Gemüsegarten rund ums Haus, der in den sechziger Jahren mit Rasen eingesät wurde wie alle Vorgärten.

Meine Großeltern väterlicherseits lebten in Buchheim (heute March-Gemeinde). Die habe ich in den Ferien oft besucht und schon mit sieben Jahren die Störche auf dem Schulhausdach in der Nachbarschaft gezeichnet.

Später als Schüler am Kepler-Gymnasium und als Student der Fachhochschule für Sozialwesen saß ich häufig auf dem Freiburger Schloßberg oder auf dem Tuniberg und habe Landschaften skizziert.

Aber erst nach dem Studium habe ich mich ab 1976 ganz dem Malen und Zeichnen gewidmet, sehr zum Leidwesen meiner besorgten Eltern. Ab ca. 1980 habe ich für die Badische Zeitung wöchentlich Cartoons entworfen. In dieser Zeit tauchten die ersten Gaymann-Hühner auf, die dann auch bald weit über Baden hinaus ihre Eier ausbrüteten. 1986 habe auch ich mein Nest verlassen und bin für fünf Jahre nach Rom gezogen. 1991 habe ich mich dann mit meiner Familie in Köln niedergelassen, wo ich seitdem lebe und arbeite.

Meine badischen Wurzeln sind dennoch in meiner Arbeit immer präsent.
Mein Witz ist immer auch Mutter- und Vaterwitz. Doch, doch, Badener haben Humor.
Wie sonst ist es zu erklären, dass Ausstellungen und Signierstunden in der Freiburger Regio sich immer wie echte Heimspiele anfühlen.

Dieses Buch will ich mir zu meinem 65. Geburtstag selbst schenken. Aber widmen möchte ich es meinen Freiburgern, meinen Schwarzwäldern, Kaiserstühlern, Markgräflern ... ach allen meinen Badenern von Heidelberg bis zum Bodensee.
So isches!

Euer
Peter Gaymann

~ Friburger Bobbele ~

- Badischer Schluckspecht -

- Freiburger Sparschwein -

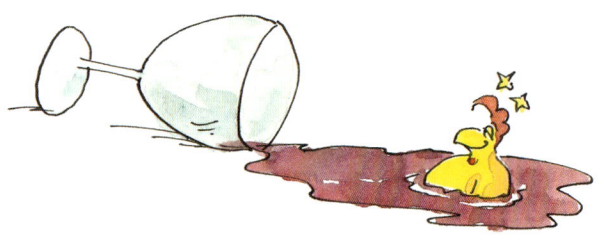
- Ortenauer Sumpfhuhn -

- Todtnauberger - Skihase -

- Kaiserstühler Rebhuhn -